CASIMIR BARRIÈRE-FLAVY

Note sur les armes franques trouvées au lieu de la Unarde (2258m d'altitude) dans les Pyrénées ariégeoises

Books On Demand

Source du texte original : Bibliothèque Nationale de France.

Notice du catalogue :
http://catalogue.bnf.fr/ark:/12148/cb341229145

Titre original : La baronnie de Miglos : étude historique sur une seigneurie du haut comté de Foix / par C. Barrière-Flavy

Auteur : Barrière-Flavy, Casimir (1863-1927).

Éditeur : Impr. de A. Chauvin et fils (Toulouse)

Date d'édition : 1894 (Ce texte bénéficie la même année d'une publication sous forme de tiré-à-part par la Librairie Privat (exemplaire aujourd'hui conservé à l'Ecole des Chartes).

Source du tiré-à-part : http://bibnum.enc.sorbonne.fr/omeka/-files/original/9354ec8e66bbd5d85a6fbf462d4da709.pdf

Copyright © 2020 par Casimir Barrière-Flavy
(domaine public)
Édition : BoD - Books on Demand, 12/14 rond-point des Champs-Élysées, 75008 Paris.
Impression : BoD - Books on Demand, Norderstedt, Allemagne.
ISBN : 9782322239801
Dépôt légal : Septembre 2020
Tous droits réservés

Maquettage et Mise en page Reedsy: reedsy.com

Note sur les armes franques trouvées au lieu de la Unarde (2258m d'altitude) dans les Pyrénées ariégeoises

Il y a près d'un demi-siècle, feu Adolphe Garrigou, le doyen des archéologues ariégeois (1), attirait l'attention sur divers lieux de la haute Ariège qui avaient été le théâtre de combats livrés par les Francs de Charlemagne aux armées sarrasines. On lit les lignes suivantes dans une de ses savantes publications (2) : « Les Francs s'étant rendus maîtres des positions de Foix, Saint-Paul, Amplaing, Ker, Genat, Tarascon et Sabar (3), le cours de leurs victoires ne fut point interrompu dans cette partie des Pyrénées. Après avoir chassé les Arabes du centre du Sabartès, l'armée alliée dut les poursuivre à travers les trois ports de Siguer, Auzat et Puymaurin (4), et les re» pousser d'un côté jusque dans, l'Andorre, de l'autre jusqu'à la vallée de Carol, où se livra, d'après la tradition, un dernier combat... C'est enfin à quelque lutte désespérée que ces étrangers eurent à soutenir dans leur retraite qu'il faut attribuer les découvertes journalières que l'on fait sur une de nos montagnes les plus élevées, la Gunarde ou **Unarde**. Là, à chaque pas, se montrent à travers les touffes glissantes du gispel et du rhododendron pyrénéen (les aberdails en patois du pays), à moitié enfouis dans la terre, des débris rouillés de flèches et d'épées dont la forme nous démontre l'origine arabe. Ces renseignements, quoique vagues dans le détail, nous paraissaient présenter, dans l'ensemble, des données qu'il serait utile de vérifier. A. Garrigou, avec lequel nous avions eu l'occasion d'en parler, affirmait avoir eu en sa possession des armes de fer recueillies par les bergers sur cette montagne. Ces objets, donnés par lui au musée départemental de l'Ariège, alors à peine formé, ont depuis longtemps disparu.

Dans le courant de l'été 1893, nous mîmes à exécution le projet d'explorer nous-même ce lieu perdu dans la haute montagne, sur les confins de l'Andorre.

Une distance de huit heures de marche environ sépare ce lieu de la **Unarde** du village le plus rapproché, celui de Miglos, où l'hospitalité montagnarde nous était offerte par le curé, notre aimable et érudit ami l'abbé Maury. Qu'on nous permette de rapporter ici quelques impressions d'une simple excursion en montagne, promenade môme, si on la compare à une émouvante ascension telle que celle de Ramond au Mont Perdu, ou de Franqueville au Nethou.

Un passage encaissé, zigzaguant sur le flanc de la montagne, et que la mauvaise saison doit transformer en torrent, amène à l'entrée des mines de Miglos, abandonnées actuellement. Après Rancié, elles offraient l'exploitation la plus active ; en 1883, le nombre des ouvriers s'élevait à trente et un environ. La production, qui était de 3,420 tonnes en 1882, arrivait à 4,448 en 1883. — « Les recherches y sont poussées avec activité » disait le Moniteur de L'Ariège en 1884, « et quelques-unes ont déjà donné des résultats importants ; néanmoins il est indispensable de les continuer, si on veut voir l'extraction se maintenir au taux actuel, les gisements reconnus étant assez restreints. Le minerai de Miglos est consommé exclusivement par les hauts-fourneaux de la Société métallurgique de l'Ariège.»

Laissant à gauche l'orifice béant de cette mine, on parvient bientôt au Col de Larnat, d'où l'on domine quelque peu la vallée de l'Ariège. Le chemin suit à peu près partout la crête de la montagne, tantôt serpentant au milieu de vastes pelouses, tantôt s'enfonçant dans de sombres bois de hêtres, ou se perdant encore dans un chaos de roches éparses ou amoncelées.

Du Col de Larcat on découvre une vue magnifique s'étendant des bains d'Ussat à Garanou. Au loin, à vos pieds, s'échelonnent, au milieu des bouquets d'arbres et des sinuosités argentées de l'Ariège, les villages de Sinsat, Aulos, Verdun, les Cabannes, Château-Verdun, Aston, Albiès, Vèbre, Garanou, et comme horizon à l'est se dresse le pic couvert des ruines imposantes du château de Lordat. Après avoir un instant contemplé ce saisissant panorama, on reprend la marche ascendante au milieu de cette solitude immense que troublent à peine, de loin en loin, les sons argentins des clochettes des troupeaux (las esqueillos) et quelques cris prolongés de bergers se hélant d'une vallée à l'autre.

Au centre d'un petit plateau aux pentes recouvertes d'un tapis de plantes aromatiques surgit une lourde masse de roches superposées par suite de quelque cataclysme ; c'est le Roc de Miglos. On contourne au sud ce singulier amoncellement qui abrite des vents du nord une misérable cabane de berger, et l'on jette un regard, à droite du sentier, sur une excavation presque comblée, cachée en partie par des ronces et des genévriers, et qui devait être jadis l'entrée d'une mine. Le versant de la montagne qui lui fait face présente de ci de là des débris de minerai, des scories de toute sorte, et la tradition, sans être affirmative sur ce point, suppose seulement qu'il a existé en ce lieu une mine.

Après avoir franchi le Pas de l'Escalié, passage ardu, où la nature s'est plu à disposer d'énormes blocs de roche en marches d'escalier d'une architecture peut-être originale, mais à coup sûr d'une solidité incontestable, on traverse une courte vallée (Fountcendrasso) que sillonne une infinité de ruisselets. Les genévriers, les rhododendrons disparaissent ici pour faire place à une herbe épaisse, fine et glissante, appelée gispet, semée par touffes au milieu de rochers. Bientôt les derniers tintements des clochettes s'éteignent dans le lointain, et le silence le plus impénétrable règne en ces lieux rarement fréquentés des bergers et sur ces sommets où l'isard et le vautour ont établi leur souveraineté.

Avant d'arriver au Pic de Balgèse (2,288 mètres), on entrevoit, à gauche, à des profondeurs vertigineuses, la Jasse et l'étang de Larnoum qui apparaît comme une minuscule flaque d'eau verdâtre au centre d'un immense cirque de montagnes inaccessibles dont la cime se noie dans les nues et aux flancs desquelles s'accrochent quelques sapins d'une prodigieuse venue.

Du pic de Balgèse, la vue s'étend sur une partie de la chaîne des Pyrénées ariégeoises ; le coup d'œil est imposant. De tous côtés, à vos pieds, se distinguent des vallées, des plateaux, des sommets qui se détachent parfois à peine et donnent l'illusion d'une plaine immense accidentée d'innombrables taupinières.

De ce point, le guide vous montre, à perte de vue, sur la plupart des pics et des crêtes, presque toujours inaccessibles, tantôt des monolithes debout semblables à des menhirs, crevant les nuages de leur tête aiguë, et appelés *tussals*, tantôt des pyramides faites de quartiers de rocs étages par la main de l'homme et désignés sous le nom de tartiès. Ces points de repare servaient au moyen âge, ainsi que nous le montrent des actes des treizième et quatorzième siècles, à délimiter les pâturages seigneuriaux et communaux, comme ils sont aujourd'hui encore utilisés à diviser les vacants et les territoires des communes elles-mêmes. Mais à quelle époque et pour quels besoins ces sortes de signaux ont-ils été établis par l'homme ? On peut bien admettre que ces amas plus ou moins considérables aient été originairement disposés en vue de fixer les bornes des propriétés de nature diverse, ainsi que cela se pratique de nos jours en certains pays; mais les *tussals*, hauts de plus de six pieds, plantés sur des points où le chasseur d'isard hésiterait à s'aventurer; quelle main a donc osé élever dans les airs, de distance en distance, ces sortes de monuments d'un usage mystérieux qui rappellent les temps préhistoriques ?

Après le Pas de las Aiguës, une dernière ascension conduit à Beysé, point trigonométrique, d'où s'étend une vaste pelouse qui va s'inclinant jusqu'aux limites de l'horizon. La Unarde, où l'on parvient enfin, est une petite plaine à 2,258 mètres d'altitude, de 1 kilomètre environ de longueur sur 500 mètres de large; exposée, par son orientation, aux intempéries de ces régions élevées, elle est à peine habitable durant une quinzaine de jours au cœur de l'été. Au nord-ouest, la montagne de Beysé, dont nous avons suivi le penchant oriental, la sépare de l'étroit val de Siguer, où mugit le torrent de ce nom. Le Pic de Mille

Roques, avec ses contreforts escarpés, limite, au sud-est, ce vaste pâturage qui va s'abaissant en pente douce vers le nord-est se perdre dans les bas-fonds, suivant la direction du ruisseau de Calvière, affluent rive gauche de la rivière d'Aston.

Au sud-ouest, la plaine de la Unarde est brusquement coupée par la haute vallée du ruisseau de Siguer. De ce point, qui domine l'abîme, on jouit d'un splendide coup d'œil. Les vapeurs qui se dégagent des bas-fonds, chassées par un vent violent, montent et passent rapidement devant les yeux du spectateur, semblables à ces voiles de gaze légère que le machiniste déroule successivement dans une pièce féerique. Tout à coup, le soleil apparaît radieux, éclairant de sa chaude lumière le fond de cette vaste scène : les crêtes des montagnes, d'où s'échappent d'innombrables cascades aux scintillements argentés, se colorent de mille teintes, de mille reflets violets, pourpres ou bleuâtres, et les pics aux neiges éternelles se montrent au milieu d'une irradiation que le regard peut à peine soutenir.

Les pics de la Sabine (2,258m), du Bouc (2,601m), de l'Etang blanc, de Bourbonne (2,683m), de Pélat (2,482m), de Neych (2,422m), de l'Aspre et de Peyrot se distinguent aisément; au second plan, les cimes de Serrère (2,911m), de Siguer (2,594m;, de Tristogne (2,879m), de Cabayrou (2,837m) se détachent encore nettement; enfin, un peu à droite, le sommet qui domine ce tableau, le Mont Calm (3,080m).

Ce spectacle nous remet en mémoire le passage où Ramond, le peintre des Pyrénées, décrit son ascension au Mont Perdu : « En vain j'essayerais de peindre la magique apparence de ce tableau ; le dessin et la teinte sont également étrangers à tout ce qui frappe habituellement nos regards. En vain je tenterais de décrire ce que son apparition a d'inopiné, d'étonnant, de fantastique, au moment où le rideau s'abaisse, où la porte s'ouvre, où l'on touche enfin le seuil de ce gigantesque édifice ; un monde finit, un autre commence, un monde régi par les lois d'une autre existence. »

La vallée de la Unarde est semée de quartiers de rocs de toute dimension et couverte de cette herbe épaisse appelée gispet, qui ne constitue pour les troupeaux qu'une nourriture de qualité assez inférieure. Le centre est occupé par un étang d'une superficie d'un demi-hectare environ, à l'eau limpide et glacée, dont les bords sont hérissés de roches.

Non loin de là s'élève la cabane du berger, de forme semi-elliptique, construite de rochers entassés, à une seule ouverture, basse, étroite, où l'on ne peut s'engager qu'en se baissant jusqu'à terre. L'intérieur ne permet pas de se tenir debout et quelques rocs à peu près plats, recouverts d'herbe sèche, servent de couche.

Si les verdoyants pâturages chantés par Virgile avaient offert des demeures aussi riantes, des couches aussi moelleuses, il est douteux que le berger Corydon y eût appelé le doux Alexis. Puisque le grand poète latin a été invoqué, qu'on nous permette de compléter la description de cette plaine monotone par une réminiscence qui dépeint assez heureusement et le lieu et son unique habitant passager :

> *Quid tibi pastores Libyae, quid pascua versu*
> *prosequar et raris habitata mapalia tectis ?*

> *Saepe diem noctemque et totum ex ordine mensem*
> *pascitur itque pecus longe in deserta sine ullis*
> *hospitiis: tantum campi iacet ! Omnia secum*
> *armentarius Afer agit, tectumque laremque*
> *armaque Amyclaeumque canem Cressamque phare-*
> *tram.*
>
> (Virgile, Géorgiques, liv. III, v. 339.)

Le pâtre dont nous avons partagé le misérable abri porte avec lui, ainsi que l'Africain de Libye, pour le temps plus ou moins long qu'il doit séjourner dans cette contrée, un petit chaudron de fer où il fait cuire alternativement soit des haricots, soit une sorte de bouillie fade, composée de farine de maïs et de lait de brebis; mais il lui manque le chien d'Amyclée et n'a pour toute défense qu'un fort gourdin noueux. Ces champs de la Unarde auraient été, suivant une tradition des plus accréditées, le théâtre d'un dernier combat entre les Sarrasins en fuite et les soldats de Charlemagne. Sur les premiers escarpements à l'est de la vallée se montrent deux grands quadrilatères limités par des quartiers de rochers entassés : l'un, d'une contenance approximative d'un are, est désigné sous le nom de cimetière des Maures; l'autre, d'une superficie moitié moindre, passe pour le champ de sépulture des Franks.

Au premier aspect, ces espaces entourés de rocs semblent être de préférence une enceinte préhistorique ; ce qui n'est peut-être pas invraisemblable. Nos premières fouilles furent dirigées naturellement vers les parties de ces prétendus cimetières qui pouvaient présenter quelque intérêt. En quelques heures, des tranchées se croisaient dans tous les sens dans l'intérieur de ces enceintes ; mais partout, à une profondeur de 0m,15, 0m,25, 0m,30 et même 0m,40, le fer de la pioche ne rencontrait plus que la roche. Nulle trace de sépulture, nuls débris d'ossements, aucun fragment de fer, de poterie ou autres n'apparaissaient.

Après une nuit passée dans l'antre du berger et durant laquelle une tourmente de neige se déchaîna sur la vallée (le thermomètre marquait à l'aube — 12° à la canicule), nous reprîmes nos fouilles, sans résultat.

Cependant, la précision d'un berger, dans la trouvaille déjà ancienne d'objets en fer, nous fit porter sur un autre point nos investigations. Il est d'abord certain que, depuis plus de dix siècles, la terre qui recouvrait alors le flanc de la montagne a dû glisser naturellement vers le fond de la vallée, entraînant avec elle les dépouilles qui lui avaient été confiées. C'est une circonstance dont nous avions à tenir compte.

L'exploration de la partie inférieure de cette petite plaine, au-dessous des cimetières en question, nous fit découvrir, à moitié enfouies, les deux pièces de fer dont nous donnerons une description et une reproduction aussi exacte que possible.

Les deux objets recueillis sont un scramasaxe et un grand couteau ou poignard. Le premier mesure 0m,425 de longueur, soie comprise, et 0m,04 dans sa plus grande largeur. La lame seule atteint 0m,35 et va, s'amincissant d'une façon à peine sensible, jusqu'à 0m,06 environ de l'extrémité. Là, elle se rétrécit brusquement des deux bords et se termine en pointe de flèche. La soie n'est pas mince et effilée comme celle des armes des Franques de la première époque, et elle n'a pas été emmanchée dans le bois ou l'os d'un seul morceau perforé à cet effet. Large de près de 0m,02, la soie a conservé ici trois rivets qui servaient à la fixer à deux plaques de bois ou d'os posées horizontalement de chaque côté du fer ; c'est la même disposition que pour nos gros couteaux de cuisine.

C'est là un caractère qui distingue cette arme du scramasaxe ou sabre franc mérovingien et la fait attribuer à l'époque carlovingienne. Y avait-il sur cette lame la rainure propre à recevoir le poison que signalent les archéologues dans la description de pièces analogues? Cela est possible; mais l'oxydation en a fait aujourd'hui disparaître toute trace.

A observer encore le brusque amincissement des deux bords de la lame, qui se rencontre assez rarement. En outre, la pointe présente les bords tranchants sur une longueur de 0m,08 à 0m,10 environ.

Des armes à peu près semblables ont été recueillies à Herpès (Charente) et figurent dans la collection de M. Pli. Delamain (2). Les albums des fouilles de Caranda (Aisne), de M. Fr. Moreau, renferment bien quelques types approchants (1) ; mais, à l'examen attentif des objets, on saisit bientôt une différence notable, aussi bien dans la forme générale que dans le détail. Les mêmes réserves sont à présenter pour les scramasaxes trouvés à Charnay (Côte-d'Or) (2), pour ceux que l'abbé Cochet a rencontrés en Normandie (3), ceux que M. le baron de Baye a décrits dans ses travaux (4)...

L'arme que nous étudions n'a pas, en effet, ce caractère de

force qui distingue le coutelas ou gros couteau mesurant, en longueur, 0m,40 et 0m,45. Deux éléments essentiels l'en éloignent : d'abord le dos, loin d'être accentué comme dans les grands couteaux, est fort peu distinct; et, quoique amincie par l'oxydation, la lame ne devait être guère plus épaisse dans la main du guerrier franc; en second lieu, tandis qu'on remarque partout ailleurs une courbure prononcée du tranchant qui va rejoindre, à la pointe, le côté du dos à peine incliné, ici, ainsi que nous l'avons dit, les deux bords s'inclinent également vers l'extrémité et d'une manière relativement brusque. A vrai dire, ce scramasaxe se rapproche dans un sens, il est vrai, d'une épée courte, à un seul tranchant, mais dont la conjuration rappelle quelque peu les épées de Selzen (5), de Bel-Air (6), de Civezzano (7), etc., ainsi qu'un coutelas trouvé à Ursins (Suisse) (8). On peut dire que cette arme, qui trouve jusqu'ici peu de points de comparaison exacte, tient du sabre droit plutôt que du scramasaxe ou gros couteau et de l'épée. Cette configuration particulière n'est pas, croyons-nous, commune ; il serait utile, dans les fouilles et découvertes qui se produiront ultérieurement, de rapprocher les armes offensives que l'on pourra découvrir de ce type vraiment intéressant.

La seconde pièce donne 0m,30 dans son entière longueur, la soie comprise pour 0m,06. Celle-ci offre les signes caractéristiques du poignard franc/mérovingien, avec quelques particularités que nous allons indiquer. Au point de vue d'ensemble, on trouve ici la soie étroite, effilée et apte à être emmanchée dans un morceau de bois ou d'os arrondi et troué. La lame forte, massive, présente, d'une part, le dos presque droit jusqu'à l'extrémité; de l'autre, le tranchant décrivant une longue courbe vers le point où il se confond avec le bord opposé.

Cette arme est quadrangulaire à la base; puis, par deux ressauts successifs, l'un à 0m,03, l'autre à 0m,06 de la poignée, elle s'amincit sur chacun de ses bords, de manière à présenter, vers le milieu de sa longueur, deux tranchants inégaux séparés par une arête douce ; en outre, la lame est sensiblement plus large au milieu qu'à la base.

Ces circonstances nous paraissent de nature à faire ranger cette arme clans la catégorie des poignards plutôt que des couteaux. Sa forme générale la fait rapprocher de nombreuses pièces de ce genre, sans toutefois rencontrer un type absolument identique. Ainsi, M. Pilloy en a recueilli dans l'Aisne (1), de même que M. Fr. Moreau (2). Charnay en a donné à M. H. Baudo,t (3), et le musée de Namur en renferme de curieux spécimens. Il est inutile d'énumérer les nombreux ouvrages où sont représentés de semblables objets, ni les collections publiques ou privées qui en conservent des exemplaires plus ou moins remarquables. Toutefois, il convient de mentionner plus particulièrement le poignard, bien que de dimension presque double, que l'abbé Cochet trouva à Envermeu en 1853 (1). Néanmoins, nulle part, à notre connaissance, on n'a jusqu'ici signalé une arme présentant cette particularité de détail qui réside dans les deux ressauts et l'amincissement d'une grande partie du dos de la lame. Il y aurait là quelque chose du couteau espagnol d'une époque plus moderne. A coup sûr, si d'un côté la soie et quelques autres points de détail, pouvaient autoriser à faire remonter cette pièce à l'ère franco-mérovingienne, d'autre part la confection singulière de la lame semblerait lui assigner une date fort postérieure.

Pour le précédent scramasaxe, il ne peut s'élever, je crois, de doute sur son origine. En ce qui concerne ce poignard, nous estimons qu'il y a lieu de faire des réserves ; une conclusion dans un sens quelconque me paraît prématurée. Est-ce là une arme que A. Garrigou qualifiait d'arabe ? Je l'ignore ; dans tous les cas, il serait difficile d'établir une comparaison clans une telle hypothèse, car l'équipement d'un guerrier maure de cette époque est, à notre avis, encore bien mal connu.

Il est incontestable que ce lieu de la Unarde a été, à une époque reculée, le théâtre d'une action plus ou moins importante , puisque des bergers ont de tout temps recueilli dans cette plaine des armes éparses, ainsi que nous l'avons constaté. L'un de ces pâtres qui séjournent à tour de rôle sur cette haute montagne, nous a assuré avoir trouvé à la Unarde une sorte d'épée de fer, oxydée, longue de 0m80 environ. Malgré ses recherches, il lui a été impossible de retrouver l'objet dans sa maison. Il eût été extrêmement intéressant d'étudier cette arme si précieuse par sa forme, son développement et son excessive rareté dans les milieux francs du midi de la France. Or, s'il est exact que le scramasaxe tout au moins puisse être attribué à des guerriers francs-carlovingiens, nous devons admettre la thèse de A. Garrigou et reporter à la fin du huitième siècle, de 778 à 780, la date de ce combat livré par les soldats de Charlemagne ou de son lieutenant aux troupes arabes fuyant vers l'Espagne.

Après la bataille décisive qui eut lieu aux portes de Tarascon, dans la plaine de Sabar, dont le sanctuaire, dédié à Notre-Dame de la Victoire, a transmis d'âge en âge le souvenir de celte journée , les Arabes, poursuivis l'épée dans les reins, ne pouvaient, dans leur précipitation, choisir la route la plus praticable pour passer en Espagne. Une troupe de ces fuyards dut prendre par la vallée de Siguer. Parvenue à la plaine de la Unarde, il ne lui fut pas possible de pousser plus loin sa retraite; des montagnes à peu près inaccessibles, des abîmes sans fond s'offraient désormais à eux. Acculés à ces roches, les Maures vaincus livrèrent à leurs ennemis un suprême combat, terrible, désespéré, où ils tombèrent vraisemblablement jusqu'au dernier sous le fer des guerriers francs.

Bien que la tradition et les légendes aient considérablement grossi les faits de cette époque, jusqu'à conduire Charlemagne en personne à la tête d'une formidable armée dans les défilés ariégeois; quoique les conséquences de l'expulsion des Arabes des vallées pyrénéennes aient été étendues de telle sorte qu'on a voulu voir dans l'organisation de la République d'Andorre une création propre au grand empereur d'Occident (1), il n'en est pas moins certain que l'influence carlovingienne pénétra profondément jusque dans les endroits les plus reculés de la province de Foix.

Les armes de fer que nous venons de décrire n'ont en elles rien d'absolument remarquable. Mais ce qui doit les faire considérer comme précieuses, c'est leur extrême rareté dans la région méridionale de la France, où il n'en existe que fort peu d'exemplaires. Ces pièces très oxydées ne résistent pas, surtout lorsqu'elles atteignent une certaine dimension, au bouleversement des champs de sépultures où on a pu les rencontrer.

Si quelques musées régionaux offrent de modestes couteaux de fer plus ou moins mutilés, les épées y sont inconnues et les scramasaxes ou grands couteaux ne fournissent qu'un ou deux spécimens peut-être, au musée de Périgueux, par exemple (1).

Nous avons pensé qu'une courte note sur de semblables armes pouvait présenter quelque intérêt pour les études archéologiques en général, et en particulier pour l'industrie de l'époque carlovingienne dans le Midi. En outre, les faits que nous venons d'exposer témoignent d'une manière incontestable de la présence de troupes franc-carolingiennes dans ces régions élevées de la Gaule méridionale.

NOTES

Pages 1-2 :

- *(1) Adolphe Garrigou, mort en avril 1893, à l'âge de quatre-vingt-douze ans, à Tarascon (Ariège).*
- *(2) A. Garrigou, Etudes historiques sur l'ancien pays de Foix, 1846, p. 6.— Notice sur l'église de Sabar, 1849, p. 37.*
- *(3) Saint-Paul, com. du canton de Foix; — Amplaing, Ker (aujourd'hui Quié), Genat, com. du canton de Tarascon.*
- *(4) La viguerie de Sabartès instituée, dit A. Garrigou, sous Charlemagne, comprenait toute la haute valléo de l'Ariège, ayant Sabar pour chef-lieu, aujourd'hui hameau avec antique sanctuaire et pèlerinage de la Vierge dans la commune de Tarascon. — Siguer et Auzat, communes du canton de Vic-de-Sos.*

Pages 7-8 :

- (1) Album Caranda, pi. XI, fig. 1; pi. XXII.
- (2) H. Baudot, Mémoire sur les sépultures de l'époque mérovingienne en Bourgogne, pl. I-II.
- (3) Abbé Cochet, La Normandie souterraine, passim.
- (4) Baron J. de Baye, Industrie longobarde, p. 14.
- (5) L. Lindcnschmit, Das germanische Todtenlager bei Selzen, taf. XXII, f. 7, 12.
- (6) Fr. Troyon, Description des tombeaux de Bel-Air, près Cheseaux-sur-Lausanne, pi. V, fig. 11.
- (7) F. von Wieser, Das Langobardische Furslcngrab... von Civezzano, taf. II, f. 4.
- (8) Baron de Bonstetton, Recueil d'antiquités suisses, 1855, pl. XXIV, fig. 5.

Page 11 :

- (1) J. Pilloy, Eludes sur d'anciens lieux de sépultures de l'Aisne, t. I, p. 225.
- (2) Voir les remarquables Albums publiés par M. Frédéric Moreau.
- (3) Voir los planches du Mémoire de M. H. Baudot, cité plus haut.

Page 9 :

- (1) Abbé Cochet, La Normandie souterraine, p. 277, pi. XVI, fig. 7.

Page 13 :

- *(1) L'organisation du pays d'Andorre, qui avait été longtemps considérée comme un phénomène historique, pour ainsi parler, mieux connue aujourd'hui, rentre simplement dans la catégorie des paréages, nombreux comme on sait dans le Midi. Il paraît fort probable, toutefois, que les lieux de Montgauzy, près de Foix, et Sabar, près de Tarascon, sont d'origine carolingienne.*

Page 14 :

- *(1) Grand couteau provenant de Tocâne-Saint-Apre (Dordogne). Cf. Barrièro-Flavy, Elude sur les sépultures barbares du midi el de l'ouest de la France, 1893, p. 188.*